Lesedetektive

Nelly, die Piratentochter

Bernhard Hagemann

mit Bildern von Patrick und Frauke Wirbeleit

Dudenverlag
Mannheim · Zürich

Vorwort

Hallo, liebe Leserin! Hallo, lieber Leser!

Lesen macht Spaß – besonders dann, wenn du schnell und mühelos vorankommst und alles verstehst, was du liest.
Ob du ein sicherer und aufmerksamer Leser bist, kannst du mit diesem Übungsbuch feststellen. Und wenn dir das Lesen noch etwas schwerfällt, dann helfen dir die vielen lustigen Leserätsel dabei, immer besser zu werden. Und das geht so:

In diesem Buch wird – immer auf den linken Seiten – eine zusammenhängende Geschichte erzählt.
Auf jeder rechten Seite findest du mehrere Leserätsel, die du knacken kannst, wenn du den Text links aufmerksam gelesen hast.

Manche Rätsel löst du durch Ankreuzen oder Einkreisen, andere durch Ergänzen, Durchstreichen, Verbinden oder Anmalen. Nebenstehend findest du ein paar Beispiele.

Die Lösungen zu allen Rätseln findest du ab Seite 46.
Für jeden gelösten Fall bekommst du dort ein Geheimschriftsymbol.
Auf der Lese-Rallye-Seite hinten entschlüsselst du so nach und nach einen Lösungssatz. Wenn du die Lese-Rallye beim Rätseln immer ausgeklappt lässt, siehst du auf einen Blick, wie viele Fälle du schon geknackt hast.
Ganz einfach, oder? Dann kanns jetzt losgehen! Ich wünsche dir viel Spaß beim Lesen und Rätseln!

Dein Lesedetektiv

Leserätsel - Beispiele

Lies genau.
Wie heißt der Steuermann der Tuttan? Kreise ein.

Jack   Jim   Jakob

Richtig oder falsch?
Was ist richtig? Lies den Text genau und kreuze an.

Auf der Schleichenden Seekuh sind

☐ etwas mehr Piraten als auf der Tuttan.

☐ viel mehr Piraten als auf der Tuttan.

☐ gleich viele Piraten wie auf der Tuttan.

Was passiert nacheinander?
Nummeriere die Sätze in der richtigen Reihenfolge.

☐ Die Ankerkette reißt und die Tuttan wird abgetrieben.

☐ Nelly manövriert die Tuttan durch die haushohen Wellen.

☐ Ein heftiger Sturm kommt auf.

Was bedeutet das Wort?
Was ist eine Seekuh? Unterstreiche.

ein Fisch   ein Fantasiename   ein Säugetier

3

Nelly, die Piratentocher

Der Wind bläht die Segel und treibt die Tuttan voran. Sie ist ein in die Jahre gekommenes Schiff, das knarzend im Meer schaukelt. Die Planken lechzen nach einem neuen Anstrich und die Taue und Segel müssten auch erneuert werden. Aber daran ist nicht zu denken. Denn der Wilde Jim und seine Mannschaft haben schon seit Wochen kein Schiff mehr gekapert. Kein Gold erobert. Die Truhe, in der normalerweise die Schätze aufbewahrt werden, ist so gut wie leer. Sieben Goldtaler liegen einsam auf ihrem Boden, mehr nicht. Seit Wochen haben die Piraten kein Land mehr gesehen. Die Vorräte gehen zur Neige, das Trinkwasser auch. Selbst das Rumfass ist leer.

Die Mannschaft murrt. Sven der Schwerhörige murrt. Carlo der Dicke murrt. Pit die Bohnenstange murrt. Jack der Steuermann murrt. Branco der Faule murrt und Ole der Einäugige murrt. Mehr sind es nicht.

Früher, ja, da waren sie einmal eine stolze Mannschaft von zwanzig Piraten. Aber diese Zeiten sind lange vorbei.

Leserätsel

1. Fall:

Wer gehört alles zur Mannschaft des Wilden Jim?
Verbinde die Namen mit den Beinamen.

Sven	der Dicke
Carlo	der Einäugige
Pit	der Schwerhörige
Branco	der Steuermann
Ole	die Bohnenstange
Jack	der Faule

2. Fall:

Wie viele Goldtaler liegen noch in der Truhe?
Kreise ein.

188 – 182   150 : 25   915 – 908

3. Fall:

Was ist nicht richtig? Kreuze an.

☐ Die Tuttan braucht einen neuen Anstrich.

☐ Die Tuttan ist ein altes Segelschiff.

☐ Die Tuttan hat neue Taue und Segel.

In der Kombüse gibt es noch Oskar, den alten Schiffskoch, den Einzigen, der lesen und schreiben kann.
Gerade diktiert er Nelly ein paar Sätze.
„Der Wilde Jim ist ein Furcht einflößender Pirat", schreibt Nelly.
Während Oskar diktiert, schält er die Kartoffeln fürs Mittagessen.
„Hast du es?", fragt er und wirft eine Kartoffel in einen Topf mit Wasser.
„… e-i-n-f-l-ö-ß-e-n-d-e-r P-i-r-a-t!", buchstabiert Nelly.
„Das ist ein schwieriger Satz."
„Zeig mal." Oskar schielt auf das Blatt vor Nelly. „Prima, ist alles richtig geschrieben."
Nelly legt den Stift beiseite und schaut durch das Fenster aufs Meer. Da hört sie an Deck ihren Vater, den Wilden Jim.
„Die Vorsegel hissen!", brüllt er mit seiner tiefen Stimme.
„Damit wir schneller werden!"

6

Leserätsel

4. Fall:

Was stimmt? Kreuze an.

Der Wilde Jim ist ☐ der Kapitän.
☐ Oskars Sohn.
☐ der Schiffskoch.
☐ Nellys Vater.
☐ ein Furcht einflößender Pirat.

5. Fall:

Was ist eine Kombüse? Unterstreiche.

eine Schiffsküche   eine Vorratskammer   eine Schiffstoilette

6. Fall:

Nelly hat beim Schreiben doch zwei Fehler gemacht.
Findest du sie? Kreise ein.

Der wilde Jim ist ein Frucht einfließender Pirat.

Mit einem lauten Platschen wirft Oskar eine weitere Kartoffel ins Wasser.

„Die Vorsegel zu hissen hat nur einen Sinn, wenn wir zwei Strich backbord gehen!", murmelt er vor sich hin. „Hier in der Gegend herrscht eine starke Strömung, da kommen wir nicht voran. Ein bisschen backbord, dann bekämen wir den Wind mehr von der Seite und würden außerdem zu der Insel gelangen, die der Wilde Jim sucht."

„Sag das meinem Vater!", fordert Nelly.

Oskar verdreht die Augen und seufzt. „Ich bin nur der Koch. Glaubst du, der Wilde Jim hört auf den Koch?"

Oskar ist sein Leben lang zur See gefahren. Er kennt die Seefahrt wie kein anderer. Aber jetzt ist er nur noch ein alter Mann, der kochen kann. Und niemand will auf seinen Rat hören. Niemand außer Nelly.

Fasziniert hört sie zu, wenn Oskar von früher erzählt. Von wilden Raubzügen, von unbekannten Inseln und von Schätzen.

„Früher!", sagt Oskar oft. „Da fürchteten sich alle vor dem Wilden Jim und seiner Tuttan."

Leserätsel

7. Fall:

Was bedeutet „backbord"? Kreise ein.

an Bord gebacken   geradeaus   links

8. Fall:

Warum ist Nelly von Oskar fasziniert? Kreuze an.

☐ Er kann so gut kochen.

☐ Der Wilde Jim hört auf seinen Rat.

☐ Er erzählt spannende Piratengeschichten von früher.

9. Fall:

In jedem Satz steht ein Wort zu viel. Streiche durch.

Oskar ist sein Leben ganz lang zur See gefahren.

Er kennt die Seefahrt wie gut kein anderer.

Jetzt ist er nur und noch ein alter Mann, der kochen kann.

Niemand will auf seinen Rat zu hören.

Draußen an Deck hört Nelly wieder ihren Vater schreien.
„Sven, du gehst hoch in den Ausguck und meldest, wenn du etwas siehst!"
„Nein, bitte nicht in den Ausguck!", jammert Sven. „Mir wird dort oben so schwindelig und schlecht. Außerdem bin ich schwerhörig."
„Du sollst in die Ferne schauen und nicht in die Ferne hören!", brüllt der Wilde Jim. „Wieso kann nicht mal jemand anderes in den Ausguck?", jammert Sven.
„Wie wärs mit Carlo? Der war noch nie da oben."
„Carlo, in den Ausguck hoch!", brüllt der Wilde Jim.
„Ich kann da nicht hoch", jammert Carlo. „Ich bin zu dick. Der Ausguck ist zu klein für mich! Der Ole kann mal in den Ausguck."
„Was soll ich im Ausguck?", beschwert sich Ole. „Ich habe nur ein Auge. Wenn ein feindliches Schiff auftaucht, sehe ich nur die Hälfte und wir unterschätzen den Gegner. Das ist gefährlich. Der Sven muss hoch, der kennt das da oben."
„Was seid ihr alle für Jammerlappen!", schimpft der Wilde Jim. „Befehl ist Befehl. Sven, du musst hoch in den Ausguck. Ich befehle es dir!"

Leserätsel

10. Fall:

Wer sagt was?
Verbinde jede Sprechblase mit der richtigen Person.

- Mir wird dort oben so schwindelig und schlecht. Außerdem bin ich schwerhörig.
- Ich bin zu dick! Der Ausguck ist zu klein für mich!
- Du sollst in die Ferne schauen und nicht in die Ferne hören!
- Wenn ein feindliches Schiff auftaucht, sehe ich nur die Hälfte und wir unterschätzen den Gegner.

11. Fall:

Warum will Ole, dass Sven in den Ausguck geht?
Kreuze an.

☐ Sven hört so gut.

☐ Sven kennt den Ausguck.

☐ Sven ist dünn.

Nelly steht vom Tisch auf. „Fertig mit dem Diktat", sagt sie zu Oskar. „Ich geh ein bisschen an Deck."
Draußen geht sie zielstrebig auf ihren Vater zu.
„Lass mich in den Ausguck", sagt Nelly. „Mir wird nicht schwindelig und ich habe gute Augen."
Der Wilde Jim schaut auf Nelly herab und verzieht sein Gesicht. „Kommt nicht infrage, Nelly! Das ist nichts für Mädchen!"
Nelly stemmt ärgerlich ihre Hände in die Hüften und stampft mit ihrem Fuß auf die Deckplanken.
„Ich bin eine Piratin!", sagt sie. „Und ich will da hoch!"
„Du bist ein Mädchen!", sagt der Wilde Jim. „Geh wieder in die Kombüse und hilf Oskar!"
Doch Nelly überhört die Worte ihres Vaters einfach.
„Du musst zwei Strich backbord segeln!", sagt sie. „Dann kämpft das Schiff nicht so gegen die Strömung an. Außerdem nehmen wir dann Kurs auf die Insel."
„Schäl du lieber Kartoffeln und lerne lesen und schreiben!", sagt der Wilde Jim und lacht. Und Branco, Pit, Carlo, Ole und Sven lachen mit.
Dann schiebt der Wilde Jim seine Tochter zur Seite und scheucht Sven hoch in den Ausguck.

Leserätsel

12. Fall:
Was sollen Mädchen nach der Meinung des Wilden Jim tun?
Kreuze an.

☐ Kartoffeln schälen

☐ die Betten machen

☐ im Ausguck Ausschau halten

☐ nicht frech sein

☐ lesen und schreiben lernen

☐ heiraten

13. Fall:
Was stimmt? Markiere.

„Lass mich in den Ausguck", sagt Nelly.

○ „Ich bin nicht dick und kenne das da oben."

○ „Der Ausguck ist nicht zu eng für mich und ich habe gute Ohren."

○ „Mir wird nicht schwindelig und ich habe gute Augen."

13

Kaum ist Sven im
Ausguck angekommen,
brüllt der Wilde Jim:
„Siehst du etwas?"
Aber von oben kommt
nur Schweigen.
„Verdammt, Sven!",
brüllt der Wilde Jim so laut,
dass die Schiffsplanken beben. „Siehst du was?"
„Mir ist schlecht!", ruft Sven.
„Verflixt!", schimpft der Wilde Jim. „Hier irgendwo muss
diese verfluchte Insel doch sein! Mach die Augen auf!"
„Mir ist schwindelig", ruft Sven.
„Reiß dich zusammen!", schimpft der Wilde Jim. „Vergiss
nicht, du bist Pirat! Ich verbiete dir das Schwindelige!"
Und dann brüllt er seine Mannschaft an: „Ich hatte doch
gesagt, die Vorsegel setzen! Was steht ihr hier noch
tatenlos herum?"
„Ich habe die Vorsegel erst gestern gesetzt!", sagt Carlo.
„Kann nicht mal jemand anders? Der Branco hat schon
lange kein Segel mehr gesetzt."
„Das stimmt gar nicht!", sagt Branco beleidigt. „Vor drei
Tagen erst hab ich ein Vorsegel gesetzt."
Nelly kann das nicht mehr mit anhören. Was ist ihr Vater
nur für ein Kapitän? Er brüllt wie ein Löwe, aber die
Mannschaft tanzt ihm auf der Nase herum! „Hörst du
denn nicht, was mein Vater gesagt hat?", schreit sie
Branco an. „Du sollst die Vorsegel hissen!"
Branco grummelt vor sich hin, gehorcht aber.

Leserätsel

14. Fall:
Nelly sagt, die Piraten tanzen ihrem Vater auf der Nase herum.
Was meint sie damit? Kreuze an.

☐ Die Piraten zeigen ihm die lange Nase.

☐ Die Piraten hören nicht auf ihn und machen, was sie wollen.

☐ Die Piraten tanzen vor seinen Augen auf Deck herum.

15. Fall:
Was ist richtig? Kreise ein.

Der Wilde Jim brüllt so laut,
dass die Schiffsplanken

beben.   schwanken.   wackeln.

16. Fall:
Beantworte die Fragen.

Wem ist schwindelig? _____

Wer hat die Vorsegel gestern gesetzt? _____

Wen brüllt der Wilde Jim an? _____

Wen schreit Nelly an? _____

In diesem Augenblick kommt von oben ein aufgeregter Schrei: „Schiff in Sicht!"

„Wo?", schreit der Wilde Jim zu Sven hinauf.

„Schiff in Sicht!", schreit Sven. „Steuerbord voraus!"

Der Wilde Jim, Nelly und die Mannschaft spähen über das Wasser. Und wirklich, weit weg am Horizont ist ein Schiff zu sehen.

Der Wilde Jim hält sich das Fernrohr vors Auge. „Es hält Kurs auf uns!", sagt er. „Klarmachen zum Entern."

Aber Carlo, Branco, Ole und Pit bleiben unbewegt an der Reling stehen. Erst als Nelly den Befehl ihres Vaters wiederholt und „Klar zum Entern!" schreit, beginnen die Piraten aufgescheucht über Deck zu rennen. Während Jack der Steuermann das Boot auf Kurs hält, suchen die anderen nach ihren Enterhaken und Säbeln.

„Schiff in Sicht!", schreit oben Sven.

„Ja, das wissen wir jetzt!", brüllt der Wilde Jim.

Leserätsel

17. Fall:

Was kann man mit einem Enterhaken machen?
Kreuze an.

☐ Man kann sich damit an einem feindlichen Schiff festhaken.

☐ Man kann damit feindliche Piraten erschrecken.

☐ Man kann damit feindliche Piraten fesseln.

18. Fall:

Was ist was? Verbinde.

Angelhaken   Garderobenhaken   Enterhaken

19. Fall:

Wie heißt der Steuermann der Tuttan? Kreise ein.

Jack   Jim   Jakob

Nelly steht an der Reling und beobachtet durch das Fernrohr ihres Vaters, wie das Schiff schnell näher kommt. Plötzlich erkennt sie die schwarze Flagge auf dem Mast des Schiffes.

„Papa!", ruft Nelly. „Das sind auch Piraten! Die haben eine Piratenflagge!"

„Was?!", staunt ihr Vater und schnappt sich das Fernrohr. „Tatsächlich! Das ist die Schleichende Seekuh vom Einarmigen Zoran. Sieht beladen aus. Gerade das Richtige für uns. Wir werden unsere Goldtruhe füllen können."

Die Mannschaft rennt immer noch aufgescheucht über Deck und sucht Enterhaken und Säbel.

„Wir werden dem Einarmigen Zoran zeigen, wer die wahren Herrscher der Meere sind", schreit der Wilde Jim.

„Der Einarmige Zoran?", ruft Ole ängstlich. „Der ist doch gefährlich!"

„Klar ist der gefährlich!", brüllt der Wilde Jim. „Wir sind es ja auch!"

Nelly sieht jetzt durchs Fernrohr, dass es auf der Schleichenden Seekuh von Piraten nur so wimmelt. „Die sind viel mehr als wir!", ruft sie aufgeregt.

„Klar sind die mehr als wir", brüllt der Wilde Jim. „Aber wir sind listig!"

Leserätsel

20. Fall:

Womit beobachtet Nelly das fremde Schiff? Kreise ein.

mit dem   Fernglas   Fernseher   Fernrohr

21. Fall:

Was ist eine Seekuh? Unterstreiche.

ein Fisch   ein Fantasiename   ein Säugetier

22. Fall:

Was ist richtig? Lies den Text genau und kreuze an.

Auf der Schleichenden Seekuh sind

☐ etwas mehr Piraten als auf der Tuttan.

☐ viel mehr Piraten als auf der Tuttan.

☐ gleich viele Piraten wie auf der Tuttan.

Es dauert nicht lange, da segelt die Schleichende Seekuh direkt neben der Tuttan. Das Schiff ist gut in Schuss, die Segel sind stramm gebläht und die Piraten stehen mit ihren Enterhaken an der Reling und warten auf den Befehl ihres Kapitäns.
Der Einarmige Zoran steht grinsend am Steuerrad.
Der Wilde Jim brüllt: „Klar machen zum Entern!"
„Mein Säbel ist völlig verrostet!", ruft Pit. „Wie soll ich da entern?"
Drüben hört Nelly den Einarmigen Zoran lachen. „Der Wilde Jim mit seiner Tuttan!", ruft er. „Und seine Furcht einflößende Mannschaft. Seht sie euch an."
„Schiff in Sicht!", ruft Sven im Ausguck. „Direkt neben uns!"
„Keine Angst!", brüllt der Einarmige Zoran zu ihnen rüber. „Wir kapern euch nicht. Bei euch gibts nichts zu holen. Ahoi!"
„Aber wir kapern euch!", brüllt der Wilde Jim.
„Dann versucht es mal!" Zoran dreht am Steuerrad und schon ändert die Schleichende Seekuh ihren Kurs. Unter vollen Segeln rauscht sie wieder davon.
„Hurra!", ruft der Wilde Jim. „Wir haben sie in die Flucht geschlagen!"

Leserätsel

23. Fall:
Welche Sätze passen zu welchem Schiff? Verbinde.

Das Schiff ist in die Jahre gekommen.

Das Schiff ist gut in Schuss.

Die Segel müssen erneuert werden.

Die Mannschaft rennt aufgescheucht über Deck.

Die Segel sind stramm gebläht.

Die Piraten warten auf den Befehl ihres Kapitäns.

24. Fall:
Warum fährt die Schleichende Seekuh davon?
Kreuze an.

☐ Der Einarmige Zoran hat kein Interesse an der Tuttan.

☐ Die Tuttan hat sie in die Flucht geschlagen.

☐ Die beiden Schiffe machen ein Wettrennen.

Die Sonne scheint und der Wind hat aufgefrischt. Bis auf Nelly ist die Mannschaft guter Stimmung. Der Wilde Jim feiert lauthals seinen Sieg über den Einarmigen Zoran.
„Wir haben sie in die Flucht geschlagen, habt ihr das gesehen?", brüllt er übers Deck.
Und die Mannschaft stimmt in das Siegesgebrüll ein.
„Kaum haben sie meinen Säbel gesehen, sind sie abgedreht, die Angsthasen!", triumphiert Pit.
„Und als ich meinen Enterhaken geschwungen habe, haben sie sich in die Hosen gemacht, habt ihr das gesehen?", stimmt Branco ein.
„Und als sie erst meine mächtige Statur gesehen haben, haben sie so stark zu zittern angefangen, dass drüben die Planken klapperten. Habt ihr das gehört?", lacht Carlo der Dicke.
„Wir sind die furchtlosen Tuttan-Piraten!", singt Ole grölend und ballt die Faust. „Jeder auf den sieben Meeren erschauert vor uns!"

Leserätsel

25. Fall:

Wie geht Brancos Satz weiter?
Male eine Sprechblase um das richtige Satzende.

Als ich meinen Enterhaken geschwungen habe, ...

... sind sie abgedreht.

... haben sie zu zittern angefangen.

... haben sie sich in die Hosen gemacht.

26. Fall:

Warum ist Nelly so wütend? Kreuze an.

☐ Weil sie selbst nicht so mutig war wie die Piraten.

☐ Weil ihnen die Schleichende Seekuh entwischt ist.

☐ Weil die Piraten so tun, als seien sie tapfer gewesen.

Nelly stürmt wütend
zu Oskar in die Kombüse.
„Das ist nicht auszuhalten!", schimpft sie.
„Die feiern da draußen ihre Feigheit und
merken es nicht einmal. Dabei hat der Einarmige Zoran sich nur über uns lustig gemacht!"
„Ach, Nelly!", sagt Oskar. „Wir können froh sein, dass der
Einarmige Zoran uns verschont hat. Mit Sicherheit wären
wir unsere letzten Goldtaler auch noch losgeworden."
„Dann sollen sie nicht so tun, als ob sie ihn besiegt
hätten."
Oskar seufzt. „Lass ihnen doch die Freude. So haben
wir wenigstens einen gut gelaunten Kapitän und eine gut
gelaunte Mannschaft."
Nelly will ihnen aber nicht die Freude lassen.
„Wenn ich Kapitän wäre", sagt sie, „dann würde ich aus
der Tuttan wieder ein richtiges Piratenschiff machen!
Mit einem neuen Anstrich, mit neuen Segeln und einer
starken Mannschaft. Und keiner dürfte sich mehr über
die Tuttan lustig machen. Auch nicht der Einarmige
Zoran. Alle würden sich vor ihr fürchten."
„Ja", sagt Oskar. „Das wäre schön. Und das hätte die
Tuttan auch verdient. Ein bisschen mehr Respekt!
Die Tuttan war früher ein sehr stolzes Piratenschiff."
Da hören die beiden Sven draußen auf dem Mast
schreien: „Land in Sicht! Land in Sicht!"
Nelly blickt Oskar mit großen Augen an. „Hast du das
gehört?!", ruft sie, springt auf und rennt wieselflink
aus der Kombüse.

Leserätsel

27. Fall:

Schreibe die fehlenden Wörter in die Lücken.

„Wenn ich _____ wäre, dann würde ich

aus der _____ wieder ein richtiges

_____ machen! Mit einem neuen

_____, mit neuen _____

und einer starken _____."

28. Fall:

Schau dir das Bild genau an. Was stimmt?
Kreuze an.

- [ ] An der Schnur hängen fünf Fische.
- [ ] Es schwirren acht Fliegen herum.
- [ ] Nelly trägt einen roten Pullover.
- [ ] Oskar hat eine blaue Hose an.
- [ ] Oskar und Nelly sind barfuß.
- [ ] Ein Glas geht zu Bruch.

Die Insel! Nelly erkennt sie mit bloßem Auge als kleine Erhebung am Horizont.

Anders ihr Vater. Trotz Fernrohr kann er die Insel nicht finden und schreit: „Wo denn?!"

Und Sven im Ausguck antwortet ihm: „Land in Sicht!"

„Das habe ich kapiert, du Schwachkopf! Aber wo?!", brüllt der Wilde Jim und sucht mit dem Fernrohr den Horizont ab.

Da geht Nelly zu ihrem Vater, zupft an seinem Ärmel und zeigt ihm die Insel.

„Die sieht man mit dem bloßen Auge!", sagt sie.

Der Wilde Jim nimmt das Fernrohr von den Augen.

„Tatsächlich! Die Insel!", schreit er dann aus vollem Hals. „Land in Sicht! Backbord voraus."

„Die Insel!", jubelt Carlo nun ebenfalls. „Frisches Wasser! Kokosnüsse und Bananen! Das Paradies! Ich werde mich mit Kokosmilch betrinken."

„Und ich werde mich an Millionen Bananen überfressen!", jubelt Branco.

„Und ich werde mir ein Hemd aus Papageienfedern machen!", ruft Ole.

„Jack!", ruft der Wilde Jim nach hinten zum Steuermann. „Nimm Kurs auf die Insel."

Leserätsel

29. Fall:

Wie oft kommt „die Insel" im Text links vor?
Trage die Zahl ein.

30. Fall:

Was erwarten die Piraten auf der Insel?
Male die Silben, die ein Wort ergeben, mit derselben Farbe an.
Schreibe die Wörter auf.

Ba · dern · Ko · fe · Pa · en · se · nüs · ra · pa · dies · kos · gei · na · Pa · nen

_____

_____

_____

Zwei Stunden später segelt die Tuttan in eine große, wunderschöne Bucht ein. Ruhig gleitet das Schiff durch das türkis glitzernde Wasser, vorbei an einem riesigen Felsen, der mitten in der Einfahrt aus dem Meer ragt. Etwa in der Mitte der Bucht gibt der Wilde Jim den Befehl, die Segel einzuholen und den Anker zu werfen.
„Beiboot klarmachen!", schallt der Befehl des Wilden Jim über Deck. „Oskar, Jack, Pit, Sven und Ole, ihr kommt mit mir die Insel erforschen. Branco, Carlo und Nelly, ihr bleibt an Bord und haltet Wache. In fünf Stunden sind wir zurück."
„Ich will aber auch die Insel erforschen!", schmollt Nelly und stampft wütend auf.
„Keine Widerrede", sagt ihr Vater. „Du bleibst an Bord, da kann dir nichts passieren. Carlo und Branco passen auf dich auf. Außerdem möchte ich, dass du das Deck wischst."
„Ich brauche keine Aufpasser!", mault Nelly. „Und das Deck will ich auch nicht wischen! Ich bin Piratin und keine Putzfrau."
Aber es hilft nichts. Nelly muss mit ansehen, wie die Männer über eine Strickleiter in das kleine Beiboot klettern und auf den Strand zurudern.

Leserätsel

31. Fall:

Wer soll wohin?
Verbinde jeden Namen mit dem richtigen Bild.

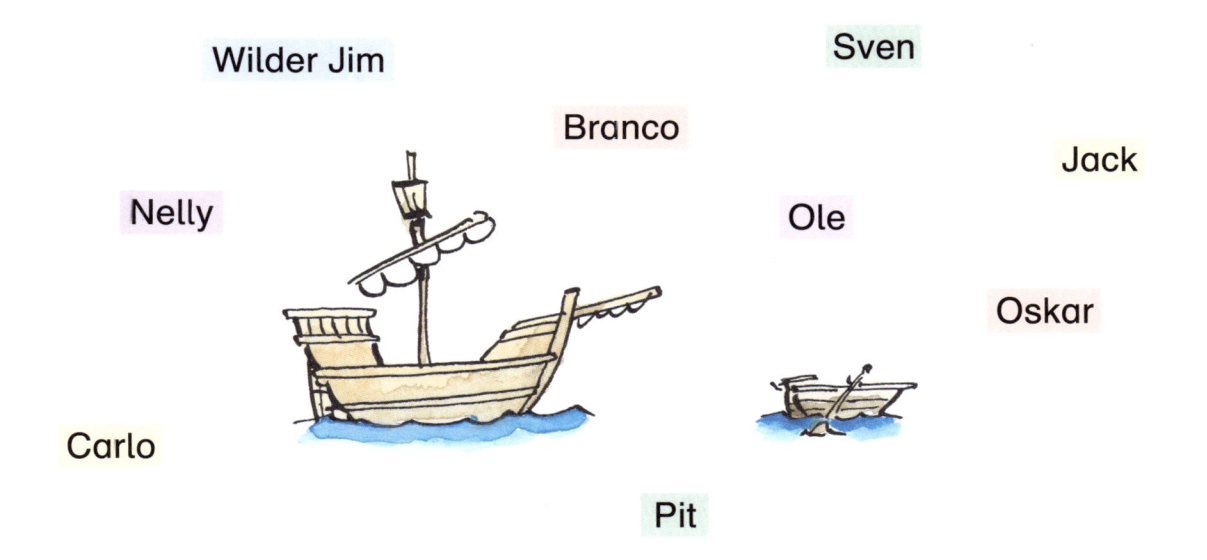

Wilder Jim   Sven

Branco   Jack

Nelly   Ole

Oskar

Carlo

Pit

32. Fall:

Ordne die Namen aus dem 31. Fall nach dem Alphabet.

1 _____
2 _____
3 _____
4 _____
5 _____
6 _____
7 _____
8 _____
9 _____

Also nimmt sie widerwillig Eimer und Wischlappen und scheuert das Deck. Und weil sie sich danach so langweilt, poliert sie noch das Holz der Reling. Dann das Steuerrad und die Ankerwinde.

Schließlich bricht die Dunkelheit herein und Nelly sieht am Strand der Insel ein Feuer auflodern. Sie stellt sich vor, wie Oskar dort köstliche Fische grillt, und wäre so gerne dabei.

Stattdessen sagt Branco: „So, Nelly. Es ist schon dunkel. Zeit für dich, schlafen zu gehen!"

Nelly ist da ganz anderer Meinung. „Ich gehe schlafen, wann ich will!", faucht sie Branco an. „Mein Vater ist der Kapitän und ich kann machen, was ich will!"

„Ja, aber … aber Nelly!", stottert Branco. „Der Wilde Jim hat doch gesagt, dass wir auf dich aufpassen sollen. Und kleine Mädchen müssen früher ins Bett!"

„Müssen sie nicht!", sagt Nelly. „Und ich bin kein kleines Mädchen, merk dir das. Ich bin die Wilde Nelly!"

Sie verschwindet in der Kombüse, knallt die Tür hinter sich zu und setzt sich an den Tisch, um in einem von Oskars Büchern zu lesen.

Leserätsel

33. Fall:
Welcher Satz ist richtig? Kreuze an.

- [ ] Nelly poliert das Steuerrad und die Ankerbinde.
- [ ] Nelly poliert das Steuerrad und das Ankerrad.
- [ ] Nelly poliert das Steuerrad und die Ankerwinde.
- [ ] Nelly poliert das Steuerrad und die Ankerwindel.

34. Fall:
Nelly beschreibt genau, wie sie sich die Szene am Strand vorstellt.
Aber es haben sich sechs Fehler in das Bild eingeschlichen.
Kreise ein.

Oskar, der Wilde Jim, Ole, Pit und Sven sitzen am Lagerfeuer.
Oskar hält einen Spieß mit vier Fischen über das Feuer.
Alle Piraten singen lautstark alte Seemannslieder.
Sie stoßen mit ihren Bechern an und essen Bananen.
Pit hat wegen der Hitze seine Pudelmütze abgenommen
und fächelt sich damit Luft zu.

Kaum hat sie
das Buch aufgeschlagen,
da klopft es und Carlo steht in der Tür.
„Was gibts?", fragt Nelly unfreundlich.
„Wie wäre es mit ein wenig Haferschleim zum Abendessen?", fragt Carlo.
„Deinen Haferschleim kannst du dir ins Gesicht schmieren und darunter deinen hässlichen Schnurrbart verstecken!"
„Ja, aber …!"
„Nichts aber. Ich bin die Tochter des Kapitäns! Und jetzt raus hier!"
Draußen an Deck wechseln Carlo und Branco ratlose Blicke und zucken mit den Schultern. In diesem Augenblick sieht Nelly durchs Fenster, wie sich draußen am Himmel eine dunkle Wolke über den Mond schiebt. Schlagartig verfinstert sich die Nacht. Gleichzeitig hört sie, wie die Taue gegen die Masten schlagen. In der Ferne erklingt ein Donnergrollen und das Schiff beginnt zu schaukeln. Schon heulen die ersten Böen über Deck. Nelly eilt aus der Kombüse und sieht über der Insel eine pechschwarze Wolkenwand, in der es blitzt und donnert.
„Ein Unwetter kommt", schreit Branco ängstlich in den Wind. „Was sollen wir tun?"

Leserätsel

35. Fall:

Was ist eine Böe? Kreuze an.

☐ ein sanfter, warmer Wind ☐ ein plötzlicher, heftiger Windstoß

☐ ein starker, tosender Wind

36. Fall:

Ein Unwetter zieht auf. Kreise die richtigen Verben ein.

	verfinstert	
Die Nacht	verdunkelt	sich.
	vertieft	

	knallen	
Taue	schwingen	gegen die Masten.
	schlagen	

	dröhnt	
Donnergrollen	erklingt	in der Ferne.
	klingelt	

	heulen	
Böen	fegen	über Deck.
	weinen	

	blitzt und grummelt.
Es	kracht und donnert.
	blitzt und donnert.

„Schaut nach, ob der Anker hält!", ruft Nelly.
„Der hält bestimmt nicht!", jammert Carlo.
Gerade als Nelly nach dem Strandfeuer auf der Insel späht, erfasst sie eine so mächtige Windböe, dass sie sich an einem dicken Tau festklammern muss, um nicht von Bord geweht zu werden. Es stürmt, hagelt, blitzt und donnert, dass einem angst und bange werden kann. Das wild schaukelnde Schiff zerrt an der Ankerkette.
„Die Ankerkette!", schreit Nelly durch den Wind.
Aber da ist es auch schon zu spät.
Mit einem Riesenknall reißt ein Glied der rostigen Kette und ein furchtbarer Ruck geht durch das Schiff. Sofort wird die Tuttan vom Wind erfasst und mit großer Geschwindigkeit aus der Bucht getrieben. Direkt auf den riesigen Felsen zu.
„Hilfe!", schreit Branco. „Der Felsen! Wir sind verloren!"
„Hilfe!", schreit auch Carlo. „Was sollen wir tun?!"
Nelly weiß, was zu tun ist.
„Branco!", ruft sie durch den Wind und rennt ans Steuerrad. „Hoch in die Wanten, das Sturmsegel setzen, schnell. Wir müssen Fahrt aufnehmen, damit wir nicht am Felsen zerschellen!"
„Kann nicht jemand anders da hoch? Ich habe Angst!"
„Es gibt nur euch beide!", schreit Nelly.

Leserätsel

37. Fall:
In jedem Satz ist ein Wort falsch.
Streiche durch und schreibe richtig darüber.

Nelly muss sich an einem rauen Tau festklammern.

Das wild schaukelnde Schiff zieht an der Ankerkette.

Mit einem Riesenknall reißt ein Glied der alten Kette.

Ein schrecklicher Ruck geht durch das Schiff.

Die Tuttan wird vom Wind erfasst und mit großem Tempo aus der Bucht getrieben.

38. Fall:
Warum wird die Tuttan auf den Felsen zu getrieben?
Kreuze an.

☐ Weil Jack in die falsche Richtung gesteuert hat.

☐ Weil die Ankerkette gerissen ist.

☐ Weil Nelly zur Insel fahren will.

Da fassen sich Branco und Carlo ein Herz und klettern beide hoch in die Wanten. Kaum haben sie das kleine Sturmsegel gesetzt, bläht es sich im Wind und bringt die Tuttan auf Kurs.

„Wir nehmen Fahrt auf!", ruft Nelly und steuert das Schiff haarscharf am großen Felsen vorbei.

Auf dem offenen Meer erwarten die Tuttan haushohe Wellen. Der Sturm peitscht das Wasser übers Deck und die Masten knarzen im wilden Auf und Ab des Schiffes. Doch Nelly manövriert die Tuttan geschickt durch die Wellen.

Branco und Carlo zurren inzwischen alles fest, was nicht niet- und nagelfest ist.

Das Unwetter tobt die halbe Nacht und treibt die Tuttan immer weiter aufs offene Meer hinaus. Als der Sturm endlich nachlässt, sind alle drei vollkommen erledigt. Nelly schläft vor Erschöpfung am Steuerrad ein, Branco und Carlo legen sich in ein zusammengefaltetes Segel. Als Nelly am Morgen erwacht, lacht wieder die Sonne vom Himmel und eine leichte Brise lässt die Tuttan sanft über die Wellen schaukeln.

Nelly sucht den Horizont nach der Insel ab.

Leserätsel

39. Fall:

Nummeriere die Sätze in der richtigen Reihenfolge
von 1 bis 5.

☐ Die Ankerkette reißt und die Tuttan wird abgetrieben.

☐ Der Sturm lässt nach und die Tuttan schaukelt sanft
über die Wellen.

☐ Nelly manövriert die Tuttan durch die haushohen Wellen.

☐ Ein heftiger Sturm kommt auf.

☐ Der Sturm peitscht Wasser übers Deck.

40. Fall:

Welches Bild passt zu welchem Satz aus Fall 39?
Trage die entsprechende Ziffer ein.
Welcher Satz bleibt übrig?

Satz ☐ bleibt übrig.

Da entdeckt sie nicht weit von ihnen ein Schiff auf dem Wasser. Mit gebrochenen Masten.

„Schiff in Sicht!", schreit Nelly und weckt mit ihrem Ruf Branco und Carlo auf, die grummelnd aus dem Segel kriechen.

„Tatsächlich!", staunt Carlo, als er sich den Schlaf aus den Augen gerieben hat.

„Wir segeln einmal hinüber", sagt Nelly und dreht am Steuerrad. „Vielleicht brauchen sie Hilfe. Setzt ihr beide mal ein größeres Segel. Dann kommen wir schneller voran."

Und während Branco und Carlo wieder hoch in die Wanten klettern, kommen sie dem Schiff langsam näher. Plötzlich ertönt ein aufgeregter Schrei über Nellys Kopf. „Das ist die Schleichende Seekuh!", ruft Branco. „Nichts wie weg!"

Und tatsächlich, jetzt erkennt auch Nelly das Schiff. Doch was ist da nur los? Es ist niemand an Deck zu sehen. Wie ein Geisterschiff dümpelt die Schleichende Seekuh im Meer. Was hat das zu bedeuten? Das muss näher untersucht werden.

Leserätsel

41. Fall:

Welche Eigenschaften gehören zu welcher Person?
Verbinde.

aufgeregt   hilfsbereit   verschlafen

neugierig   erstaunt   ängstlich

42. Fall:

Was stimmt? Kreuze an.

☐ Die Schleichende Seekuh sieht aus wie ein Geisterschiff.

☐ Ihre Masten sind gebrochen.

☐ Verletzte Piraten sind an Bord zu sehen.

☐ Nelly will die Sache untersuchen.

☐ Branco und Jack wollen ihr dabei helfen.

43. Fall:

Was bedeutet „dümpeln"? Kreise ein.

Sich leicht   schlingernd / drehend / schleichend   auf dem Wasser bewegen.

39

Obwohl Branco und Carlo bei der Sache mulmig ist, holen sie die Segel ein und machen mit ein paar Leinen an der Schleichenden Seekuh fest.

Vorsichtig und mit ihren alten, rostigen Säbeln bewaffnet klettern sie aufs andere Schiff.

Nichts regt sich. Nur unter Deck hört man ein komisches Geräusch. Dort liegen vier schnarchende Matrosen in ihren Kojen, neben ihnen ein leeres Fass Rum.

„Fesseln!", befiehlt Nelly.

Und während Branco und Carlo den schlafenden Männern die Hände zusammenbinden, durchstöbert Nelly das Schiff. In der Kapitänskajüte macht sie eine aufregende Entdeckung.

Dort steht eine große braune Truhe. Als Nelly den Deckel anhebt, traut sie ihren Augen nicht. Die Truhe ist prall gefüllt mit Schätzen. Goldene Ringe funkeln ihr entgegen, Kelche und Ketten.

„Branco, Carlo!", ruft sie aufgeregt durchs Schiff. „Kommt mal schnell her!"

Branco und Carlo eilen herbei und ihnen fallen beinahe die Augen aus dem Kopf.

„Unsere Beute!", sagt Nelly. „Was sagt ihr dazu?"

Die beiden sagen erst einmal gar nichts. Sie tanzen in der Kajüte herum und jubeln.

Dann packen sie die Truhe und schleppen sie auf die Tuttan hinüber.

Leserätsel

44. Fall:
Bringe die Wörter in die richtige Reihenfolge.
Nummeriere von 1 bis 13.

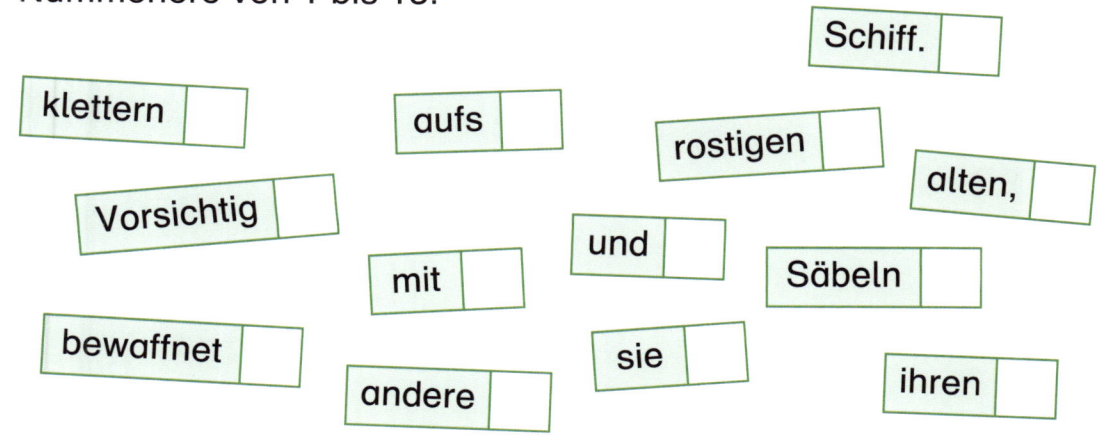

klettern   aufs   Schiff.   rostigen   alten,   Vorsichtig   und   mit   Säbeln   bewaffnet   sie   andere   ihren

45. Fall:
Löse das Bilderrätsel.

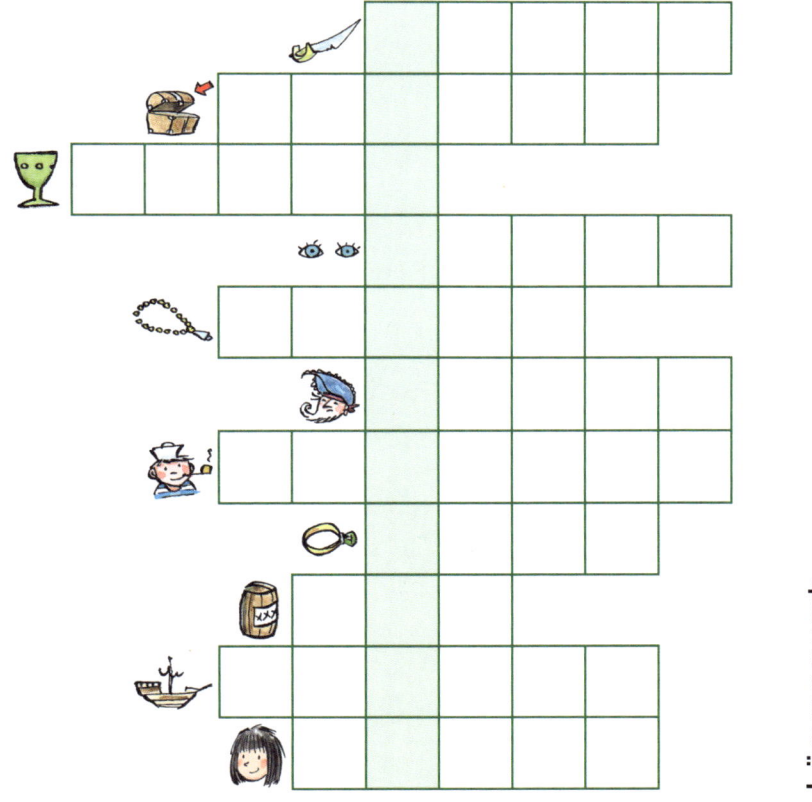

Lösungswort: _ _ _ _ _ _ _ _ _

Währenddessen geht Nelly zu den vier Männern, die inzwischen aufgewacht sind.

„Ihr seid meine Gefangenen!", macht sie ihnen klar.

„Wir haben Kopfweh!", jammern sie.

„Das kommt vom Saufen!", antwortet Nelly.

Und dann erfährt Nelly von den Piraten, dass auch der Einarmige Zoran mit seinen Männern die Insel erreicht hat, über eine andere Bucht. Die Schleichende Seekuh wurde darauf ebenso wie die Tuttan von dem Unwetter überrascht und aufs Meer getrieben. Allerdings blieb sie nicht verschont.

„Schade um das schöne Schiff", sagt Nelly. Dann bringt sie gemeinsam mit Branco und Carlo die Gefangenen an Bord der Tuttan, zusammen mit einigen brauchbaren Sachen wie dem Anker, ein paar Segeln und Tauen. Schließlich überlassen sie die Schleichende Seekuh ihrem Schicksal, Branco und Carlo setzen die Segel und Nelly steuert die Tuttan zielsicher zur Insel zurück.

Als sie in die Bucht einsegeln und den neuen Anker werfen, hören sie an Land die Jubelrufe der Mannschaft und wenig später sind der Wilde Jim und seine Männer unterwegs zur Tuttan.

Leserätsel

46. Fall:

Was nehmen Nelly, Branco und Carlo nicht von der Schleichenden Seekuh mit auf ihr Schiff?
Streiche durch.

- Gefangene
- Rumfass
- Segel
- Anker
- Schatztruhe
- Steuerrad
- Säbel
- Taue

47. Fall:

Welche Satzteile gehören zusammen?
Male die Kästchen mit derselben Farbe an.

Der Einarmige Zoran hat die Insel	zielsicher zur Insel zurück.
Die Schleichende Seekuh wurde ebenfalls	vom Unwetter nicht verschont.
Die Schleichende Seekuh blieb	von dem Unwetter überrascht.
Nelly, Branco und Carlo bringen die Gefangenen	über eine andere Bucht erreicht.
Nelly steuert die Tuttan	an Bord der Tuttan.

An Bord staunt der Wilde Jim nicht schlecht, als er die Gefangenen und die Schatztruhe vorfindet.

„Wir haben die Schleichende Seekuh gekapert!", sagt Nelly mit stolzgeschwellter Brust.

„Und Nelly hat die Tuttan gerettet!", sagt Branco. „Sie hat sie sicher durch den Sturm gesteuert!"

„Tja!", sagt der Wilde Jim da und legt seinen starken Arm um Nelly. „Sie ist eben meine Tochter. Das hat sie von mir gelernt."

„Sieht ganz so aus", sagt Oskar schmunzelnd und zwinkert Nelly zu.

Zur Feier des Tages wird ein Fass Kokosmilch aufgemacht und der Wilde Jim übergibt seiner Tochter für eine Woche das Kommando über die Tuttan.

Aber kaum hat die Mannschaft angefangen zu feiern, da kommt von der Wilden Nelly der Befehl zum Auslaufen.

„Alle Mann auf die Posten", ruft sie. „Wir haben nur eine Woche Zeit, ein paar andere Schiffe zu kapern. Setzt die Segel! Und die Gefangenen gehören ab jetzt zur Mannschaft."

Da staunen Ole, Branco, Sven, Pit, Jack und Carlo und schielen unsicher zum Wilden Jim.

„Ihr habt gehört, was die Wilde Nelly befohlen hat!", sagt er und lacht. „Ich würde an eurer Stelle gehorchen, wenn euch euer Leben lieb ist."

Und schon flitzt die Mannschaft hoch in die Wanten und setzt die Segel zu neuen Abenteuern.

Leserätsel

48. Fall:
Nelly wird jetzt die Wilde Nelly genannt.
Wo in der Geschichte bezeichnet sie sich zum ersten Mal selbst so?

Auf Seite _____.

49. Fall:
Nummeriere die Zeilen in der richtigen Reihenfolge.

- [ ] Nelly hat die Tuttan
- [ ] für eine Woche das Kommando über die Tuttan.
- [ ] den Befehl zum Auslaufen.
- [ ] sicher durch den Sturm gesteuert.
- [ ] Zur Feier des Tages
- [ ] Der wilde Jim übergibt seiner Tochter
- [ ] Statt zu feiern, gibt Nelly
- [ ] wird ein Fass Kokosmilch aufgemacht.

50. Fall:
Womit belohnt der Wilde Jim die Tapferkeit seiner Tochter?
Kreuze an.

- [ ] mit einem bombastischen Geschenk
- [ ] mit einem grandiosen Ausflug
- [ ] mit der Anerkennung ihrer Leistung und seiner Hochachtung

45

Lösungen

1. Fall:

Sven — der Dicke
Carlo — der Einäugige
Pit — der Schwerhörige
Branco — der Steuermann
Ole — die Bohnenstange
Jack — der Faule

2. Fall:

188 – 182   150 : 25   (915 – 908)

3. Fall:

☐ Die Tuttan braucht einen neuen Anstrich.
☐ Die Tuttan ist ein altes Segelschiff.
☒ Die Tuttan hat neue Taue und Segel.

4. Fall:

Der wilde Jim ist
☒ der Kapitän.
☐ Oskars Sohn.
☐ der Schiffskoch.
☒ Nellys Vater.
☒ ein Furcht einflößender Pirat.

5. Fall:

eine Schiffsküche   eine Schiffstoilette
eine Vorratskammer

6. Fall:

Der wilde Jim ist ein Frucht einfließender Pirat.

7. Fall:

an Bord gebacken   (links)   geradeaus

8. Fall:

☐ Er kann so gut kochen.
☐ Der Wilde Jim hört auf seinen Rat.
☒ Er erzählt spannende Piratengeschichten von früher.

9. Fall:

Oskar ist sein Leben ganz lang zur See gefahren.
Er kennt die Seefahrt wie gut kein anderer.
Jetzt ist er nur und noch ein alter Mann, der kochen kann.
Niemand will auf seinen Rat zu hören.

10. Fall:

"Mir wird dort oben so schwindelig und schlecht. Außerdem bin ich schwerhörig." — (schwerhöriger Pirat)

"Ich bin zu dick! Der Ausguck ist zu klein für mich!" — (dicker Pirat)

"Du sollst in die Ferne schauen und nicht in die Ferne hören!" — (Kapitän)

"Wenn ein feindliches Schiff auftaucht, sehe ich nur die Hälfte und wir unterschätzen den Gegner." — (einäugiger Pirat)

11. Fall:

☐ Sven hört so gut.
☒ Sven kennt den Ausguck.
☐ Sven ist dünn.

12. Fall:

☒ Kartoffeln schälen
☐ die Betten machen
☐ im Ausguck Ausschau halten
☐ nicht frech sein
☒ lesen und schreiben lernen
☐ heiraten

13. Fall:

○ „Ich bin nicht dick und kenne das da oben."
○ „Der Ausguck ist nicht zu eng für mich und ich habe gute Ohren."
✓ „Mir wird nicht schwindelig und ich habe gute Augen."

14. Fall:

☐ Die Piraten zeigen ihm die lange Nase.
☒ Die Piraten hören nicht auf ihn und machen, was sie wollen.
☐ Die Piraten tanzen vor seinen Augen auf Deck herum.

15. Fall:

(beben.)   schwanken.   wackeln.

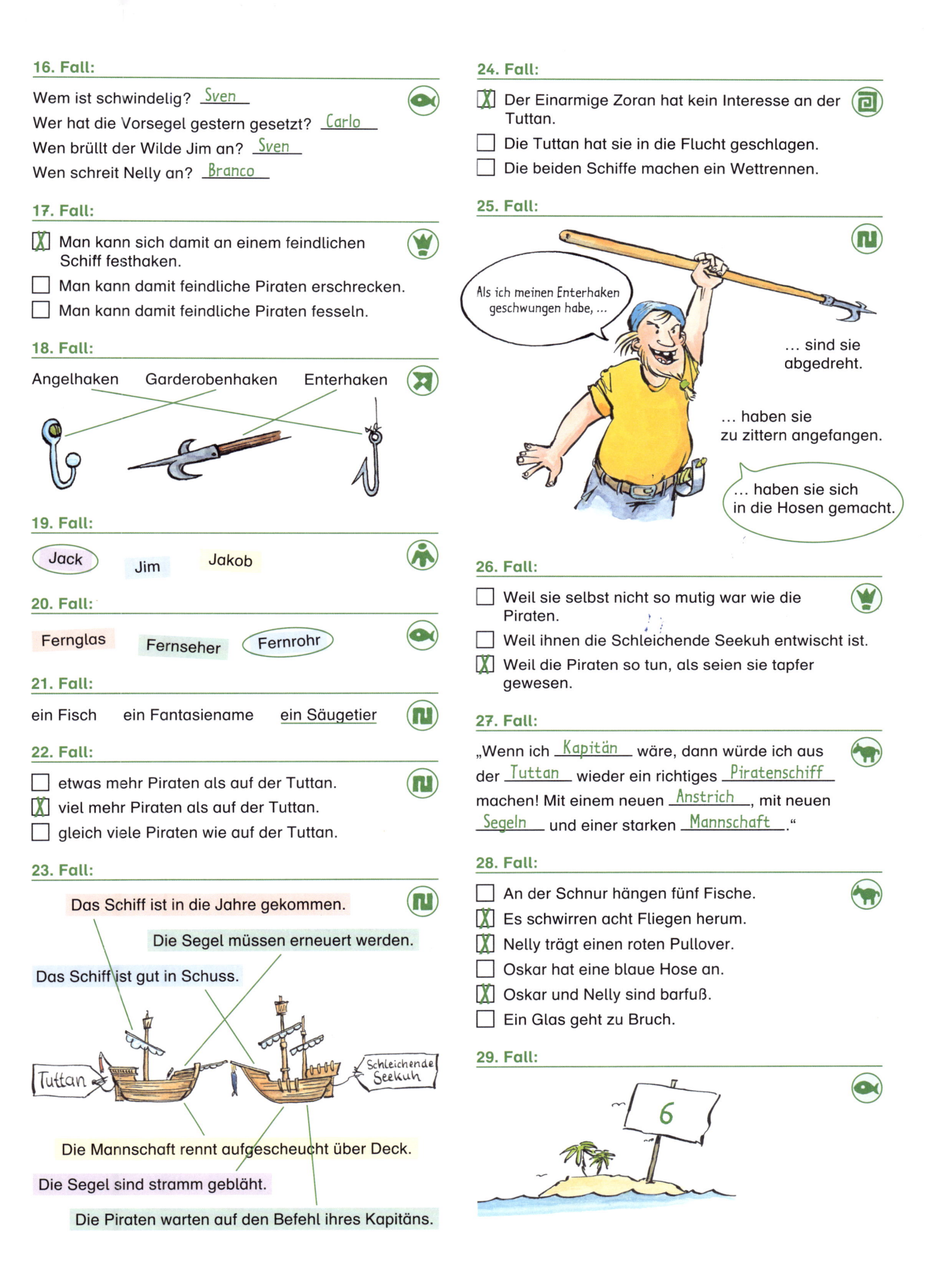

16. Fall:
Wem ist schwindelig? _Sven_
Wer hat die Vorsegel gestern gesetzt? _Carlo_
Wen brüllt der Wilde Jim an? _Sven_
Wen schreit Nelly an? _Branco_

17. Fall:
- [X] Man kann sich damit an einem feindlichen Schiff festhaken.
- [ ] Man kann damit feindliche Piraten erschrecken.
- [ ] Man kann damit feindliche Piraten fesseln.

18. Fall:
Angelhaken — Garderobenhaken — Enterhaken

19. Fall:
Jack — Jim — Jakob

20. Fall:
Fernglas — Fernseher — Fernrohr

21. Fall:
ein Fisch — ein Fantasiename — _ein Säugetier_

22. Fall:
- [ ] etwas mehr Piraten als auf der Tuttan.
- [X] viel mehr Piraten als auf der Tuttan.
- [ ] gleich viele Piraten wie auf der Tuttan.

23. Fall:
- Das Schiff ist in die Jahre gekommen.
- Die Segel müssen erneuert werden.
- Das Schiff ist gut in Schuss.
- Die Mannschaft rennt aufgescheucht über Deck.
- Die Segel sind stramm gebläht.
- Die Piraten warten auf den Befehl ihres Kapitäns.

(Tuttan / Schleichende Seekuh)

24. Fall:
- [X] Der Einarmige Zoran hat kein Interesse an der Tuttan.
- [ ] Die Tuttan hat sie in die Flucht geschlagen.
- [ ] Die beiden Schiffe machen ein Wettrennen.

25. Fall:
Als ich meinen Enterhaken geschwungen habe, …
… sind sie abgedreht.
… haben sie zu zittern angefangen.
… haben sie sich in die Hosen gemacht.

26. Fall:
- [ ] Weil sie selbst nicht so mutig war wie die Piraten.
- [ ] Weil ihnen die Schleichende Seekuh entwischt ist.
- [X] Weil die Piraten so tun, als seien sie tapfer gewesen.

27. Fall:
„Wenn ich _Kapitän_ wäre, dann würde ich aus der _Tuttan_ wieder ein richtiges _Piratenschiff_ machen! Mit einem neuen _Anstrich_, mit neuen _Segeln_ und einer starken _Mannschaft_."

28. Fall:
- [ ] An der Schnur hängen fünf Fische.
- [X] Es schwirren acht Fliegen herum.
- [X] Nelly trägt einen roten Pullover.
- [ ] Oskar hat eine blaue Hose an.
- [X] Oskar und Nelly sind barfuß.
- [ ] Ein Glas geht zu Bruch.

29. Fall:
6

Lösungen

30. Fall:

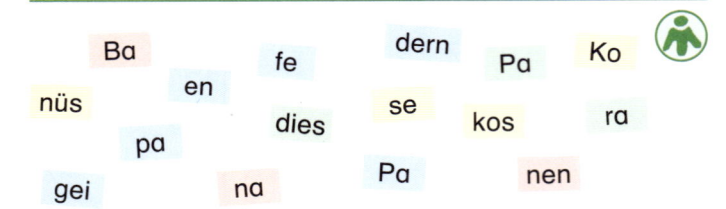

Ba   fe   dern   Pa   Ko
nüs   en   se   kos   ra
      pa   dies
gei   na   Pa   nen

Bananen, Kokosnüsse, Papageienfedern, Paradies

31. Fall:

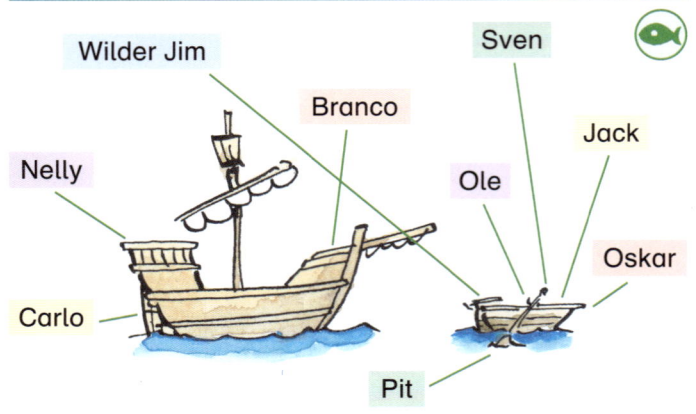

Wilder Jim, Branco, Sven, Jack, Nelly, Ole, Oskar, Carlo, Pit

32. Fall:

1. Branco
2. Carlo
3. Jack
4. Nelly
5. Ole
6. Oskar
7. Pit
8. Sven
9. Wilder Jim

33. Fall:

☐ Nelly poliert das Steuerrad und die Ankerbinde.
☐ Nelly poliert das Steuerrad und das Ankerrad.
☒ Nelly poliert das Steuerrad und die Ankerwinde.
☐ Nelly poliert das Steuerrad und die Ankerwindel.

34. Fall:

35. Fall:

☐ ein sanfter, warmer Wind
☒ ein plötzlicher, heftiger Windstoß
☐ ein starker, tosender Wind

36. Fall:

Die Nacht (verfinstert) sich.
~~verdunkelt~~
~~vertieft~~

Taue ~~knallen~~ ~~schwingen~~ gegen die Masten.
(schlagen)

Donnergrollen (erklingt) in der Ferne.
~~dröhnt~~
~~klingelt~~

Böen fegen über Deck.   Es ~~kracht und donnert.~~
(heulen)   (blitzt und donnert.)
~~weinen~~   ~~blitzt und grummelt.~~

37. Fall:

Nelly muss sich an einem ~~rauen~~ Tau festklammern. → dicken
Das wild schaukelnde Schiff ~~zieht~~ an der Ankerkette. → zerrt
Mit einem Riesenknall reißt ein Glied der ~~alten~~ Kette. → rostigen
Ein ~~schrecklicher~~ Ruck geht durch das Schiff. → furchtbarer
Die Tuttan wird vom Wind erfasst und mit ~~großem~~ Geschwindigkeit
Tempo aus der Bucht getrieben. → großer

38. Fall:

☐ Weil Jack in die falsche Richtung gesteuert hat.
☒ Weil die Ankerkette gerissen ist.
☐ Weil Nelly zur Insel fahren will.

39. Fall:

2 — Die Ankerkette reißt und die Tuttan wird abgetrieben.
5 — Der Sturm lässt nach und die Tuttan schaukelt sanft über die Wellen.
4 — Nelly manövriert die Tuttan durch die haushohen Wellen.
1 — Ein heftiger Sturm kommt auf.
3 — Der Sturm peitscht Wasser übers Deck.